Wenn für die Alternativhypothese H_1 gilt:

$H_1: p < ...$ oder $H_1: p \leqslant ...$

Wenn für die Alternativhypothese H_1 gilt:

$H_1: p > ...$ oder $H_1: p \geqslant ...$

Für den Ablehnungsbereich $\overline{A}=\{k; ...; n\}$ ist ein minimales k so zu bestimmen, dass gilt:

$P(X \in \overline{A}) \leqslant \alpha$ bzw. $P(X \geqslant k) \leqslant \alpha$

Für den Ablehnungsbereich $\overline{A}=\{0; ...; k\}$ ist ein maximales k so zu bestimmen, dass gilt:

$P(X \in \overline{A}) \leqslant \alpha$ bzw. $P(X \leqslant k) \leqslant \alpha$

Die Binomialverteilung kann näherungsweise durch eine Normalverteilung beschrieben werden, wenn gilt:
$\sigma^2 > 9$ bzw. $\sigma > 3$ («Laplace-Bedingung»)

Bei einem zweiseitigen Test wird die Hypothese verworfen, wenn das Testergebnis zu klein oder zu groß ist (es gibt also zwei Ablehnungsbereiche). Bei einem einseitigen Test wird die Hypothese verworfen, wenn das Testergebnis kleiner oder größer als der vorgegebene Wert p_0 ist.

Eine binomialverteilte Zufallsvariable kann immer nur Werte in den natürlichen Zahlen annehmen (also 1, 2, 3, ...), eine normalverteilte Zufallsvariable kann kontinuierliche Werte annehmen, das heißt alle reellen Zahlen.

Die Näherungsformel von De Moivre Laplace gilt, wenn $\sigma > 3$ ist:

$$P(X \leqslant k) \approx \Phi\left(\frac{k+0{,}5-\mu}{\sigma}\right)$$

Mit $\mu = n \cdot p$ und $\sigma = \sqrt{n \cdot p \cdot (1-p)}$

Hypothesentests

Wie erkennt man, dass ein rechtsseitiger Hypothesentest vorliegt?

Hypothesentests

Wie erkennt man, dass ein linksseitiger Hypothesentest vorliegt?

Hypothesentests

Wie bestimmt man den Ablehnungsbereich $\overline{A}$ eines linksseitigen Tests?

Hypothesentests

Wie bestimmt man den Ablehnungsbereich $\overline{A}$ eines rechtsseitigen Tests?

Hypothesentests

Wann wird die Nullhypothese bei einem einseitigen bzw. einem zweiseitigen Hypothesentest verworfen?

Binomialverteilung

Wann kann man die Binomialverteilung näherungsweise durch eine Normalverteilung beschreiben?

Binomialverteilung

Wie lautet die Näherungsformel von De Moivre Laplace für eine binomialverteilte Zufallsgröße X mit dem Erwartungswert $\mu = n \cdot p$ und der Standardabweichung $\sigma = \sqrt{n \cdot p \cdot (1-p)}$?

Normalverteilung

Welche Werte kann eine binomialverteilte Zufallsvariablen annehmen, welche eine normalverteilte Zufallsvariable?

Die Irrtumswahrscheinlichkeit α gibt den Wert an, den die Wahrscheinlichkeit für den Fehler 1. Art nicht überschreiten darf. Sie beträgt in der Regel $\alpha = 5\,\%$.

Der Annahmebereich A ist der Bereich, in dem das Stichprobenergebnis liegen muss, damit die Hypothese angenommen werden kann. Die Hypothese wird abgelehnt, wenn das Stichprobenergebnis nicht im Annahmebereich liegt, sondern im sog. Ablehnungsbereich $\overline{A}$.

1. Es werden die Nullhypothese H_0 sowie die Alternativhypothese H_1 formuliert.
2. Der Stichprobenumfang n und die Irrtumswahrscheinlichkeit α werden festgelegt.
3. Der Ablehnungsbereich $\overline{A}$ und der Annahmebereich A werden bestimmt.
4. Die Nullhypothese wird beibehalten, wenn das Ergebnis der Stichprobe im Annahmebereich liegt und verworfen, wenn das Ergebnis im Ablehungsbereich liegt.

Für die Irrtumswahrscheinlichkeit α gilt:

$$\alpha = P\left(X \in \overline{A}\right)$$

Für den Fehler 1. Art gilt:

$$\alpha = P\left(X \in \overline{A}\right)$$

Ein Fehler 1. Art liegt vor, wenn die Nullhypothese H_0 verworfen wird, obwohl sie richtig ist.

Für den Fehler 2. Art gilt:

$$\beta = P(X \in A)$$

Ein Fehler 2. Art liegt vor, wenn die Nullhypothese H_0 angenommen wird, obwohl sie falsch ist.

Was ist der Annahmebereich A bzw. der Ablehnungsbereich $\overline{A}$ eines Hypothesentests?

Worum handelt es sich bei der Irrtumswahrscheinlichkeit (Signifikanzniveau) α eines Hypothesentests?

Wie kann man die Irrtumswahrscheinlichkeit α eines Hypothesentests berechnen?

Wie geht man beim Testen einer Nullhypothese H_0 vor?

Was ist ein Fehler 1. Art beim Hypothesentest?

Wie kann man den Fehler 1. Art berechnen?

Was ist ein Fehler 2. Art beim Hypothesentest?

Wie kann man den Fehler 2. Art berechnen?

$$P(X < k) = P(X \leqslant k-1)$$

$$P(X \geqslant k) = P(X = k) + P(X = k+1) + \ldots + P(X = n)$$

oder

$$P(X \geqslant k) = 1 - P(X \leqslant k-1)$$

$$P(X \geqslant k) = 1 - P(X \leqslant k-1)$$

$$P(X > k) = 1 - P(X \leqslant k)$$

Die Standardabweichung einer binomialverteilten Zufallsvariable ist:

$$\sigma = \sqrt{n \cdot p \cdot (1-p)}$$

Wenn die Zufallsvariable X binomialverteilt ist, dann hat X den Erwartungswert:

$$E(X) = \mu = n \cdot p$$

Bei einem Hypothesentest wird immer eine Nullhypothese H_0 aufgestellt. In der Regel ergibt sich dadurch die Alternativhypothese H_1 als Komplement zu H_0. Die Aussagen der beiden Hypothesen müssen immer gegenteilig sein.

Bei einem Hypothesentest geht es darum, auf Basis einer Stichprobe zu prüfen, ob eine Nullhypothese H_0 anzunehmen oder abzulehnen ist.

Wie bestimmt man bei einer binomialverteilten Zufallsvariable X die Wahrscheinlichkeit, dass es mindestens k Treffer gibt?

Wie berechnet man $P(X < k)$?

Wie berechnet man $P(X > k)$?

Wie berechnet man $P(X \geqslant k)$?

Wie berechnet man den Erwartungswert einer binomialverteilten Zufallsvariable X mit den Parametern n und p?

Wie berechnet man die Standardabweichung σ einer binomialverteilten Zufallsvariable mit den Parametern n und p?

Worum geht es bei einem Hypothesentest?

Welche Hypothesen stellt man bei einem Hypothesentest auf?

Wenn eine Zufallsvariable X die Werte $x_1, x_2, ..., x_n$ annehmen kann, so ist die Varianz dieser Zufallsvariable $V(X) = [X - E(X)]^2$, d.h.:

$$V(X) = \left(x_1 - E(X)\right)^2 \cdot P(X = x_1) + \left(x_2 - E(X)\right)^2 \cdot P(X = x_2) + ...$$

$$... + \left(x_n - E(X)\right)^2 \cdot P(X = x_n)$$

Ein Spiel ist fair, wenn für den Erwartungswert der Zufallsvariablen X gilt: $E(X) = 0$

Das Gesetz der großen Zahlen besagt, dass sich die relative Häufigkeit eines Ereignisses bei einem Zufallsexperiment immer mehr an die theoretische Wahrscheinlichkeit für dieses Ereignis annähert, je häufiger das Zufallsexperiment durchgeführt wird.

Die Standardabweichung σ ist die Wurzel aus der Varianz: $\sigma = \sqrt{V(X)}$. Sie ist damit auch ein Maß für die Streuung um den Erwartungswert $E(X)$.

Wenn man ein Bernoulli-Experiment n-mal hintereinander ausführt, wird dies als Bernoulli-Kette der Länge n bezeichnet.

Ein Bernoulli-Experiment ist ein Zufallsexperiment, das genau zwei Ergebnisse hat, z.B. der Münzwurf mit den Ergebnissen «Kopf» und «Zahl».

$$P(X \leqslant k) = P(X = 0) + P(X = 1) + ... + P(X = k)$$

Eine Zufallsvariable X ist binomialverteilt, wenn eine Bernoullikette mit der Länge n und der Trefferwahrscheinlichkeit p zugrunde liegt. Dann gilt für die Wahrscheinlichkeit, genau k Treffer zu erzielen:

$$P(X = k) = \binom{n}{k} \cdot p^k \cdot (1 - p)^{n-k}$$

Wann ist ein Spiel fair?

Wie berechnet man die Varianz einer Zufallsvariable X?

Wie berechnet man die Standardabweichung σ?

Wie lautet das Gesetz der großen Zahlen?

Was ist ein Bernoulli-Experiment?

Was ist eine Bernoulli-Kette der Länge n?

Wann ist eine Zufallsvariable X binomialverteilt?

Wie bestimmt man bei einer binomialverteilten Zufallsvariable X die Wahrscheinlichkeit, dass es höchstens k Treffer gibt?

Summenregel:
Die Wahrscheinlichkeiten aller Pfade, die zu einem Ereignis gehören, werden addiert.

Produktregel:
Die Wahrscheinlichkeiten der zugehörigen Äste längs eines Pfades werden multipliziert.

Die Wahrscheinlichkeit für ein Ergebnis ändert sich bei jedem Zug.

Die Wahrscheinlichkeit für ein Ergebnis bleibt bei jedem Zug gleich.

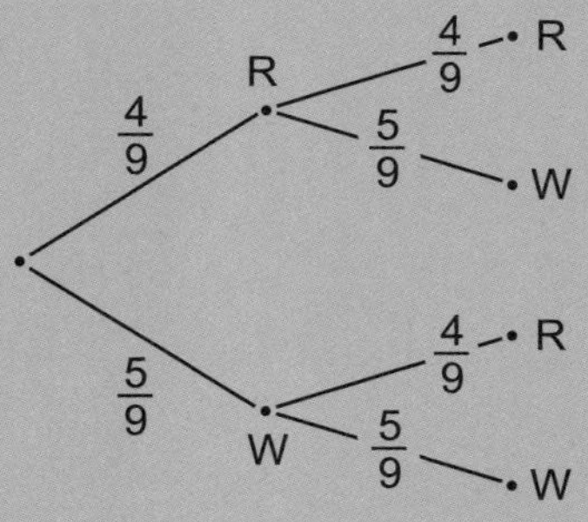

$$P(A) = 1 - P\left(\overline{A}\right)$$

Wenn eine Zufallsvariable X die Werte $x_1, x_2, \ldots, x_n$ annehmen kann, so ist der Erwartungswert dieser Zufallsvariable:

$$E(X) = x_1 \cdot P(X = x_1) + x_2 \cdot P(X = x_2) + \ldots$$
$$\ldots + x_n \cdot P(X = x_n)$$

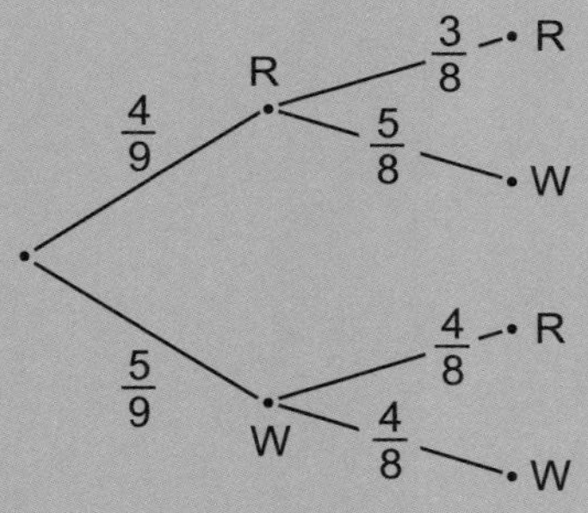

Wie lautet bei Baumdiagrammen die 1. Pfadregel (Produktregel)?

Wie lautet bei Baumdiagrammen die 2. Pfadregel (Summenregel)?

Was gilt beim «Ziehen mit Zurücklegen» in Bezug auf die Wahrscheinlichkeit?

Was gilt beim «Ziehen ohne Zurücklegen» in Bezug auf die Wahrscheinlichkeit?

Wie kann man die Wahrscheinlichkeit eines Ereignisses A mit Hilfe des Gegenereignisses $\overline{A}$ bestimmen?

In einer Urne sind 4 rote und 5 weiße Kugeln. Es wird zweimal mit Zurücklegen gezogen. Wie sieht das zugehörige Baumdiagramm aus?

In einer Urne sind 4 rote und 5 weiße Kugeln. Es wird zweimal ohne Zurücklegen gezogen. Wie sieht das zugehörige Baumdiagramm aus?

Wie berechnet man den Erwartungswert einer Zufallsvariablen X?

Bei einem Laplace-Experiment sind alle Ergebnisse gleichwahrscheinlich. Beispiel: Der Wurf eines idealen Würfels.

Die absolute Häufigkeit beträgt 3, die relative Häufigkeit erhält man, indem man die absolute Häufigkeit durch die Gesamtzahl der Würfe teilt, sie beträgt $\frac{3}{9} = \frac{1}{3}$.

Zwei Ereignisse sind genau dann unabhängig, wenn der Ausgang des zweiten Ereignisses nicht vom Ausgang des ersten Ereignisses abhängt. Genau dann gilt der spezielle Multiplikationssatz: $P(A \cap B) = P(A) \cdot P(B)$

Haben alle Ergebnisse eines Zufallsexperiments die gleiche Wahrscheinlichkeit, so gilt für die Wahrscheinlichkeit $P(A)$ eines Ereignisses A, das sich aus mehreren «günstigen» Ergebnissen zusammensetzt:

$$P(A) = \frac{\text{Anzahl der günstigen Ergebnisse}}{\text{Anzahl der möglichen Ergebnisse}}$$

Bei einer geordneten Stichprobe, bei der aus n Elementen k-mal mit Zurücklegen gezogen wird, gibt es n^k Möglichkeiten.

Die bedingte Wahrscheinlichkeit $P_B(A)$ ist die Wahrscheinlichkeit, dass das Ereignis A eintritt, unter der Bedingung, dass B (bereits vorher) eingetreten ist:

$$P_B(A) = \frac{P(A \cap B)}{P(B)}$$

Bei einer ungeordneten Stichprobe, bei der aus n Elementen k-mal ohne Zurücklegen gezogen wird, gibt es $\binom{n}{k} = \frac{n!}{(n-k)! \cdot k!}$ Möglichkeiten.

Bei einer geordneten Stichprobe, bei der aus n Elementen k-mal ohne Zurücklegen gezogen wird, gibt es $\frac{n!}{(n-k)!}$ Möglichkeiten.

Dabei ist: $\frac{n!}{(n-k)!} = n \cdot (n-1) \cdot \ldots \cdot (n-k+1)$

Grundlegende Begriffe

Ein Würfel wird neun mal geworfen, dabei wird drei mal die «Sechs» geworfen. Geben Sie die absolute und die relative Häufigkeit des Ereignisses «eine Sechs wird geworfen» an.

Grundlegende Begriffe

Was ist das Besondere an einem Laplace-Experiment?

Grundlegende Begriffe

Wie lautet die Laplace-Formel?

Grundlegende Begriffe

Wann sind zwei Ereignisse unabhängig?

Grundlegende Begriffe

Wie berechnet man die bedingte Wahrscheinlichkeit $P_B(A)$?

Kombinatorische Zählprobleme

Wie erhält man die Anzahl der Möglichkeiten bei einer geordneten Stichprobe mit Zurücklegen?

Kombinatorische Zählprobleme

Wie erhält man die Anzahl der Möglichkeiten bei einer geordneten Stichprobe ohne Zurücklegen?

Kombinatorische Zählprobleme

Wie erhält man die Anzahl der Möglichkeiten bei einer ungeordneten Stichprobe ohne Zurücklegen?

1. Aufstellen einer zu g orthogonalen Hilfsebene E_H durch P ergibt: $E_H: (\vec{x}-\vec{p})\cdot\vec{r}_g = 0$
2. Schnittpunkt S von g und E_H berechnen
3. P an S spiegeln: $\overrightarrow{OP^*} = \overrightarrow{OP} + 2\cdot\overrightarrow{PS}$ ergibt P*

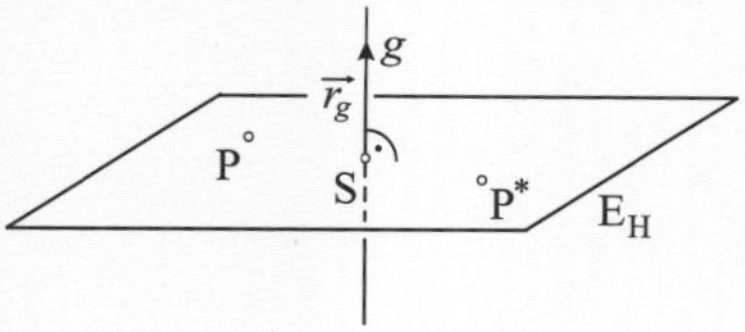

1. Aufstellen einer zu E orthogonalen Lotgeraden l durch P ergibt $l: \vec{x} = \vec{p} + t\cdot\vec{n}$
2. Schnittpunkt S von l und E berechnen
3. P an S spiegeln: $\overrightarrow{OP^*} = \overrightarrow{OP} + 2\cdot\overrightarrow{PS}$ ergibt P*

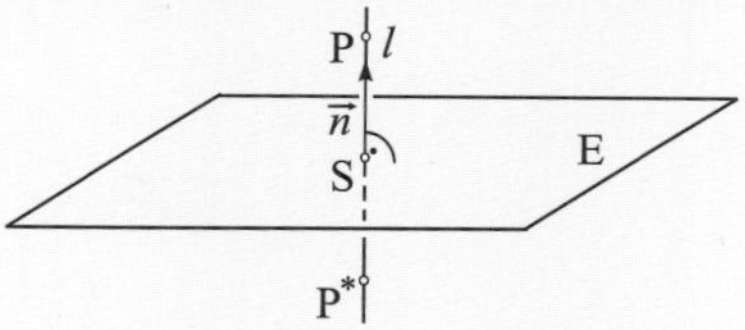

$$\begin{array}{cc} & \begin{pmatrix} b_{11} & b_{12} \\ b_{21} & b_{22} \end{pmatrix} \\ \begin{pmatrix} a_{11} & a_{12} \\ a_{21} & a_{22} \end{pmatrix} & \begin{pmatrix} c_{11} & c_{12} \\ c_{21} & c_{22} \end{pmatrix} \end{array} \quad \text{mit} \quad \begin{array}{l} c_{11} = a_{11}\cdot b_{11} + a_{12}\cdot b_{21} \\ c_{12} = a_{11}\cdot b_{12} + a_{12}\cdot b_{22} \\ c_{21} = a_{21}\cdot b_{11} + a_{22}\cdot b_{21} \\ c_{22} = a_{21}\cdot b_{12} + a_{22}\cdot b_{22} \end{array}$$

Matrizen werden als $m \times n$ Matrizen bezeichnet. m bezeichnet die Anzahl der Zeilen, n die Anzahl der Spalten. (Merkhilfe <u>Z</u>V<u>S</u> = <u>Z</u>eile vor <u>S</u>palte)

Jeder Eintrag einer Matrix wird durch zwei Indices bezeichnet. Der erste gibt die Zeile an, der zweite die Spalte. Beispiel: a_{23} liegt in der zweiten Zeile und dritten Spalte.

Um die Inverse einer Matrix zu bestimmen, schreibt man die Einheitsmatrix rechts neben die Matrix und formt beide Matrizen mit Hilfe von elementaren Umformungen gleichzeitig so lange um, bis links die Einheitsmatrix steht. Rechts steht dann die Inverse der Ausgangsmatrix.

Für die inverse Matrix A^{-1} von A gilt:

$$A\cdot A^{-1} = A^{-1}\cdot A = E$$

wobei E die Einheitsmatrix ist.

Eine Drehung um den Urprung um den Winkel α hat folgende Matrixdarstellung:

$$\vec{x}' = \begin{pmatrix} \cos(2\alpha) & \sin(2\alpha) \\ \sin(2\alpha) & -\cos(2\alpha) \end{pmatrix}\cdot\vec{x}$$

Zentrische Streckung vom Ursprung aus mit dem Streckfaktor k:

$$\begin{pmatrix} x_1{}' \\ x_2{}' \end{pmatrix} = \begin{pmatrix} k & 0 \\ 0 & k \end{pmatrix}\cdot\begin{pmatrix} x_1 \\ x_2 \end{pmatrix}$$

Spiegelungen

Wie spiegelt man einen Punkt P an einer Ebene E?

Spiegelungen

Wie spiegelt man einen Punkt P an einer Geraden g?

Matrizen

Wie werden die Anzahl der Zeilen und Spalten, sowie die Position der einzelnen Elemente einer Matrix bezeichnet?

Matrizen

Wie multipliziert man die beiden Matrizen

$$\mathrm{A} = \begin{pmatrix} a_{11} & a_{12} \\ a_{21} & a_{22} \end{pmatrix} \text{ und } \mathrm{B} = \begin{pmatrix} b_{11} & b_{12} \\ b_{21} & b_{22} \end{pmatrix}?$$

Matrizen

Was gilt für die inverse Matrix der Matrix A?

Matrizen

Wie lautet ein Verfahren, wie man die inverse Matrix bestimmen kann?

Abbildungen

Wie kann man die zentrische Streckung vom Ursprung aus mit dem Streckfaktor k in Matrixdarstellung darstellen?

Abbildungen

Wie kann man die Drehung um den Ursprung um einen Winkel α in Matrixdarstellung ausdrücken?

Die Höhe h eines Parallelogramms ABCD erhält man, indem man den Abstand des Punktes C oder D zur Geraden AB mit Hilfe einer orthogonalen Hilfsebene E_H berechnet.

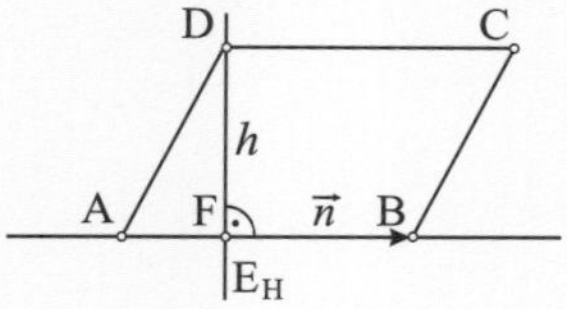

Der Abstand zweier paralleler Geraden wird bestimmt, indem man den Abstand des Stützpunktes der einen Geraden zur anderen Geraden mit Hilfe einer orthogonalen Hilfsebene berechnet.

Die Höhe h eines Dreiecks ABC erhält man, indem man den Abstand des Punktes C zur Geraden AB mit Hilfe einer orthogonalen Hilfsebene E_H berechnet.

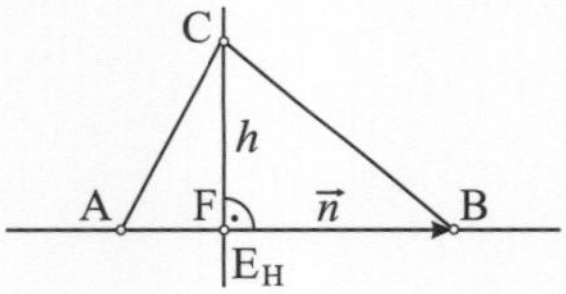

Die Höhe h eines Trapezes ABCD erhält man, indem man den Abstand des Punktes C oder D zur Geraden AB mit Hilfe einer orthogonalen Hilfsebene E_H berechnet.

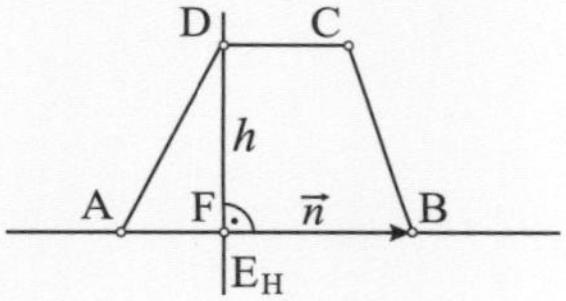

Den Schnittwinkel (spitzer Winkel) zwischen E_1 und E_2 erhält man durch:

$$\cos\alpha = \frac{|\vec{n_1}\cdot\vec{n_2}|}{|\vec{n_1}|\cdot|\vec{n_2}|}$$

wobei $\vec{n_1}$ und $\vec{n_2}$ die Normalenvektoren der beiden Ebenen sind.

Den Schnittwinkel (spitzer Winkel) zwischen zwei Geraden erhält man durch:

$$\cos\alpha = \frac{|\vec{r_g}\cdot\vec{r_h}|}{|\vec{r_g}|\cdot|\vec{r_h}|}$$

wobei $\vec{r_g}$ und $\vec{r_h}$ die Richtungsvektoren der Geraden sind.

Für den Spiegelpunkt P^* gilt:

$$\overrightarrow{OP^*} = \overrightarrow{OP} + 2\cdot\overrightarrow{PQ} \text{ oder } \overrightarrow{OP^*} = \overrightarrow{OQ} + \overrightarrow{PQ}$$

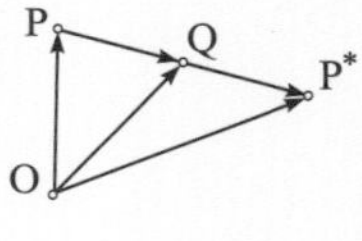

Den Schnittwinkel (spitzer Winkel) zwischen g und E erhält man durch:

$$\sin\alpha = \frac{|\vec{n}\cdot\vec{r_g}|}{|\vec{n}|\cdot|\vec{r_g}|}$$

wobei $\vec{n}$ der Normalenvektor der Ebene und $\vec{r_g}$ der Richtungsvektor der Geraden ist.

Abstände

Wie bestimmt man den Abstand zweier paralleler Geraden ?

LK www.Freiburger-Verlag.de 49

Abstände

Wie bestimmt man die Höhe h eines Parallelogramms ABCD ?

LK www.Freiburger-Verlag.de 50

Abstände

Wie bestimmt man die Höhe h eines Trapezes ABCD ?

LK www.Freiburger-Verlag.de 51

Abstände

Wie bestimmt man die Höhe h eines Dreiecks ABC ?

LK www.Freiburger-Verlag.de 52

Winkel

Wie berechnet man den Schnittwinkel zweier Geraden g und h ?

www.Freiburger-Verlag.de 53

Winkel

Wie berechnet man den Schnittwinkel zwischen den Ebenen E_1 und E_2 ?

LK www.Freiburger-Verlag.de 54

Winkel

Wie berechnet man den Schnittwinkel einer Geraden g und einer Ebene E ?

LK www.Freiburger-Verlag.de 55

Spiegelungen

Wie spiegelt man einen Punkt P an einem Punkt Q ?

www.Freiburger-Verlag.de 56

E und g sind orthogonal, wenn der Normalenvektor der Ebene und der Richtungsvektor der Geraden ein Vielfaches voneinander sind:

$$\vec{n} = k \cdot \vec{r};\ k \in \mathbb{R} \setminus \{0\}$$

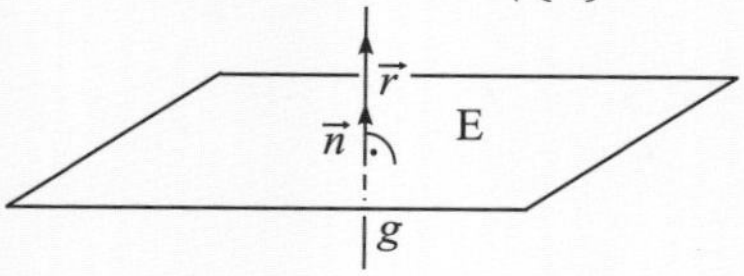

E und g sind parallel, wenn das Skalarprodukt von Normalenvektor und Richtungsvektor Null ist:

$$\vec{n} \cdot \vec{r} = 0$$

und der Stützpunkt A von g nicht in E liegt (Widerspruch bei der Punktprobe).

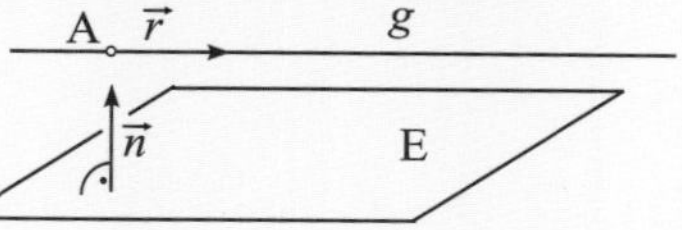

1. Lotgerade l senkrecht zu E durch P aufstellen: Normalenvektor von E ist Richtungsvektor von l.
2. l mit E schneiden ergibt den Lotfußpunkt S.
3. $|\overrightarrow{SP}|$ ist der Abstand des Punktes P zur Ebene E.

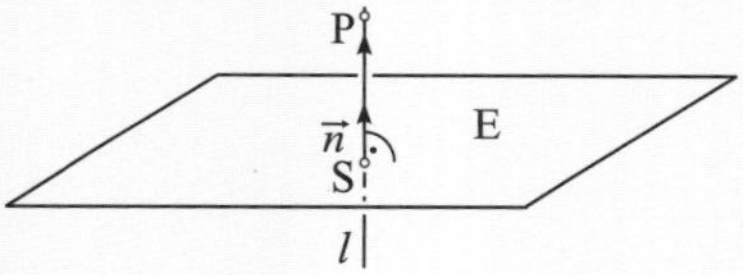

Die Gerade g wird als «allgemeiner Punkt» geschrieben, in E eingesetzt und die Gleichung für den Parameter der Geraden gelöst. Dabei können drei Fälle auftreten:

1. Eine eindeutige Lösung: g schneidet E.
2. Widerspruch (z.B. $3 = 0$): g liegt parallel zu E.
3. Wahre Aussage (z.B. $0 = 0$): g liegt in E.

Der Abstand zweier paralleler Ebenen wird berechnet, indem man den Abstand eines Punktes P von E_1 zur Ebene E_2 berechnet, z.B. mit Hilfe des Lotfußpunktverfahrens oder der Abstandsformel (HNF).

Mit Hilfe der Abstandsformel (HNF) ergibt sich:

$$d(\mathrm{P};\mathrm{E}) = \frac{\left|\mathrm{a}p_x + \mathrm{b}p_y + \mathrm{c}p_z - \mathrm{d}\right|}{\sqrt{\mathrm{a}^2 + \mathrm{b}^2 + \mathrm{c}^2}}$$

1. Hilfsebene E_H senkrecht zu g durch P aufstellen: $E_H\colon (\vec{x} - \vec{p}) \cdot \vec{n} = 0$.
2. E_H mit g schneiden ergibt den Schnittpunkt S.
3. $|\overrightarrow{SP}|$ ist der Abstand des Punktes P von g.

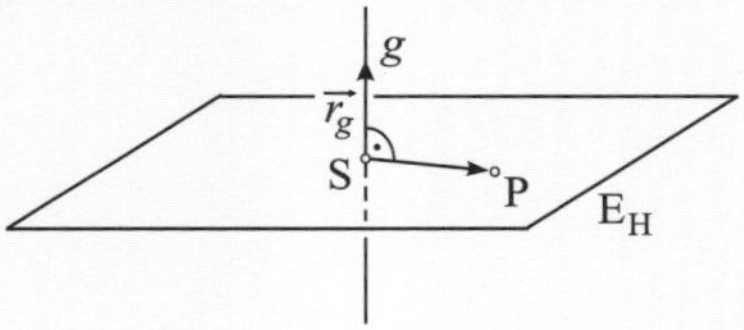

Der Abstand von g zu E wird berechnet, indem man den Abstand des Stützpunktes A von g zur Ebene E berechnet, z.B. mit Hilfe des Lotfußpunktverfahrens oder der Abstandsformel (HNF).

Geraden und Ebenen

Wie erkennt man, dass die Ebene E und die Gerade g (echt) parallel sind?

Geraden und Ebenen

Wie erkennt man, dass die Ebene E und die Gerade g orthogonal sind?

Geraden und Ebenen

Wie bestimmt man die gegenseitige Lage einer Geraden g und einer Ebene E in Koordinatenform?

Abstände

Wie berechnet man den Abstand eines Punktes $\mathrm{P}(p_1 \mid p_2 \mid p_3)$ zu einer Ebene E: $ax_1 + bx_2 + cx_3 = d$?

Abstände

Wie berechnet man den Abstand eines Punktes $\mathrm{P}(p_x \mid p_y \mid p_z)$ zu einer Ebene E: $ax + by + cz = d$?

LK

Abstände

Wie berechnet man den Abstand zweier paralleler Ebenen E_1 und E_2?

LK

Abstände

Wie berechnet man den Abstand einer Geraden g zu einer parallelen Ebene E?

Abstände

Wie berechnet man den Abstand eines Punktes P zu einer Geraden g?

LK

xy-Ebene: $z = 0$

xz-Ebene: $y = 0$

yz-Ebene: $x = 0$

1. Normalenvektor mit Hilfe der Spannvektoren bestimmen: $\vec{v}_1 \times \vec{v}_2 \Rightarrow \vec{n}$
2. Stützpunkt und Normalenvektor in den Ansatz $a \cdot x + b \cdot y + c \cdot z = d$ einsetzen und den Wert von d bestimmen.

Zwei Ebenen können sich schneiden, identisch sein, oder parallel zueinander liegen.

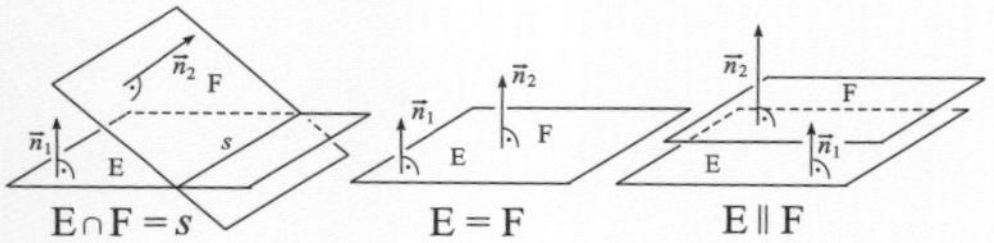

$E \cap F = s$ $E = F$ $E \parallel F$

Man kann eine Ebene E in einem Koordinatensystem meist mit Hilfe der Spurpunkte (Schnittpunkte von E mit den Koordinatenachsen) darstellen.

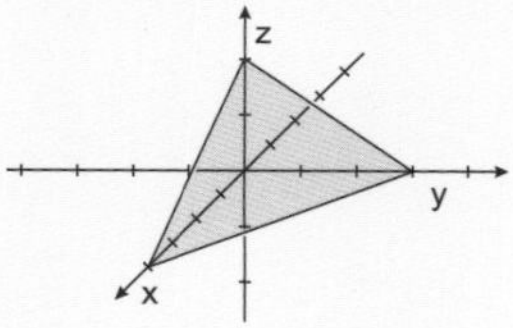

E_1 und E_2 sind orthogonal, wenn das Skalarprodukt ihrer Normalenvektoren Null ist: $\overrightarrow{n_1} \cdot \overrightarrow{n_2} = 0$

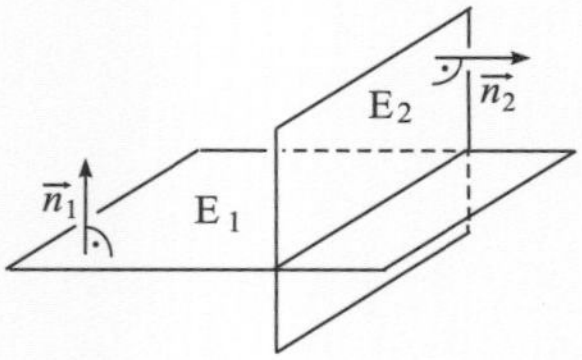

E_1 und E_2 sind parallel, wenn ihre Normalenvektoren ein Vielfaches voneinander sind:

$$\overrightarrow{n_1} = k \cdot \overrightarrow{n_2};\ k \in \mathbb{R} \setminus \{0\}$$

und ein Punkt A von E_1 nicht in E_2 liegt (Widerspruch bei der Punktprobe).

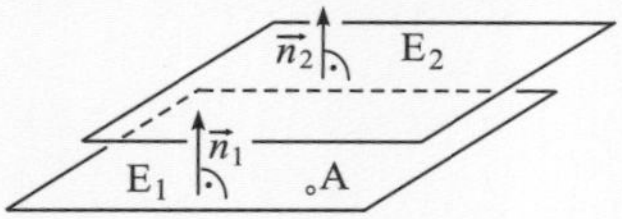

Die Gerade kann die Ebene schneiden, sie kann (echt) parallel zu ihr liegen oder in der Ebene liegen.

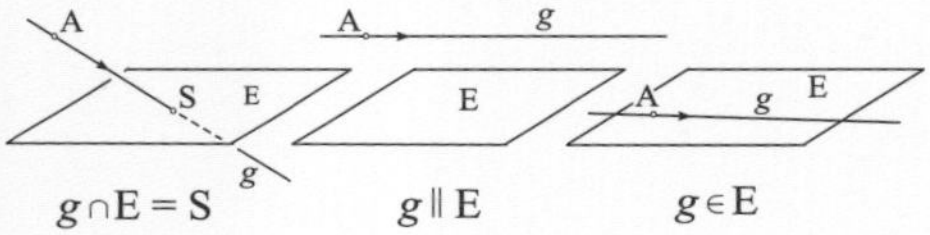

$g \cap E = S$ $g \parallel E$ $g \in E$

Die Ebenengleichungen werden zu einem linearen Gleichungssystem zusammengefasst. Beim Lösen können drei Fälle auftreten:

1. Es gibt eine Lösungsmenge: Die beiden Ebenen schneiden sich in einer Schnittgeraden. Diese erhält man, indem man z.B. z als t setzt und dann x und y in Abhängigkeit von t schreibt.
2. Widerspruch (z.B. $3 = 0$): Die Ebenen sind parallel.
3. Wahre Aussage (z.B. $0 = 0$): Die Ebenen sind identisch.

Ebenen

Wie wandelt man die Parameterform einer Ebene in die Koordinatengleichung um? (mit Vektorprodukt/ Kreuzprodukt)

www.Freiburger-Verlag.de 33

Ebenen

Wie lauten die Koordinatengleichungen der Koordinatenebenen?

www.Freiburger-Verlag.de 34

Ebenen

Mit Hilfe welcher Punkte kann man eine Ebene E in einem Koordinatensystem geschickt darstellen?

www.Freiburger-Verlag.de 35

Ebenen

Wie können zwei Ebenen im Raum zueinander liegen?

www.Freiburger-Verlag.de 36

Ebenen

Wann sind die Ebenen E_1 und E_2 parallel?

LK www.Freiburger-Verlag.de 37

Ebenen

Wann sind die Ebenen E_1 und E_2 orthogonal?

LK www.Freiburger-Verlag.de 38

Ebenen

Wie bestimmt man die gegenseitige Lage von zwei Ebenen in Koordinatenform?

LK www.Freiburger-Verlag.de 39

Geraden und Ebenen

Wie können eine Gerade und eine Ebene im Raum zueinander liegen?

www.Freiburger-Verlag.de 40

Ebenengleichung in Parameterform:

$$E: \vec{x} = \vec{a} + s \cdot \vec{v_1} + t \cdot \vec{v_2}\ ;\ s,t \in \mathbb{R}$$

Stützvektor: $\vec{a}$, Spannvektoren: $\vec{v_1}$, $\vec{v_2}$

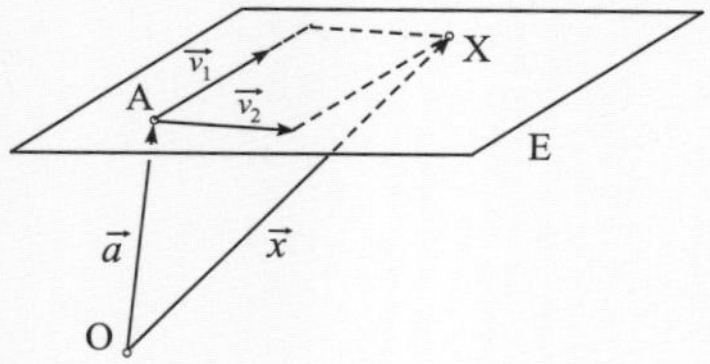

x-Achse: $\vec{x} = t \cdot \begin{pmatrix} 1 \\ 0 \\ 0 \end{pmatrix}, t \in \mathbb{R}$

y-Achse: $\vec{x} = t \cdot \begin{pmatrix} 0 \\ 1 \\ 0 \end{pmatrix}, t \in \mathbb{R}$

z-Achse: $\vec{x} = t \cdot \begin{pmatrix} 0 \\ 0 \\ 1 \end{pmatrix}, t \in \mathbb{R}$

Stützpunkt der Ebene: Stützpunkt A der Geraden g, Spannvektoren: Richtungsvektor $\vec{r}$ der Geraden und Verbindungsvektor $\overrightarrow{AP}$

$$E: \vec{x} = \vec{a} + s \cdot \overrightarrow{AP} + t \cdot \vec{r}\ ;\ s,t \in \mathbb{R}$$

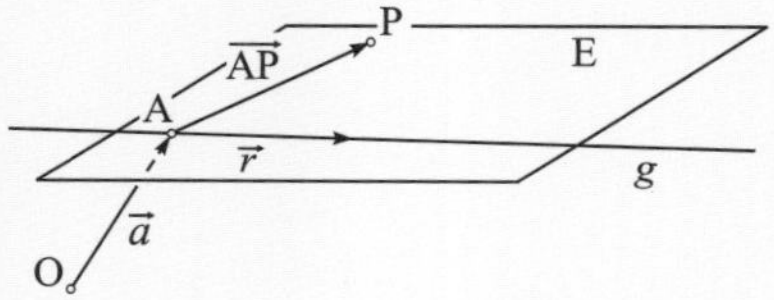

Stützvektor: Ortsvektor von Punkt A, Spannvektoren: Verbindungsvektoren $\overrightarrow{AB}$ und $\overrightarrow{AC}$

$$E: \vec{x} = \vec{a} + s \cdot \overrightarrow{AB} + t \cdot \overrightarrow{AC}\ ;\ s,t \in \mathbb{R}$$

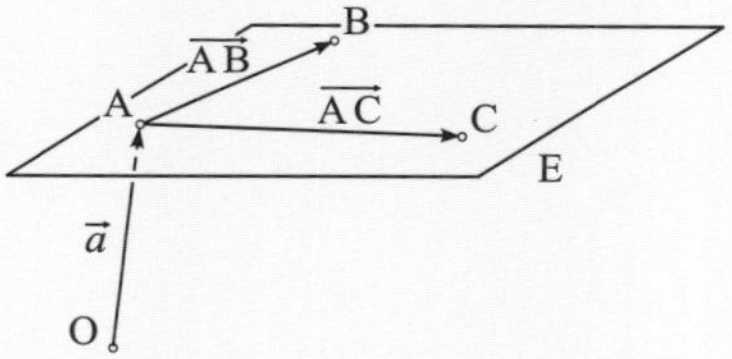

Stützpunkt der Ebene: Stützpunkt einer Geraden

Spannvektoren: Richtungsvektor $\vec{r}$ von g oder h *und*

Verbindungsvektor der beiden Stützpunkte A und B

$$E: \vec{x} = \vec{a} + s \cdot \overrightarrow{AB} + t \cdot \vec{r}_g\ ;\ s,t \in \mathbb{R}$$

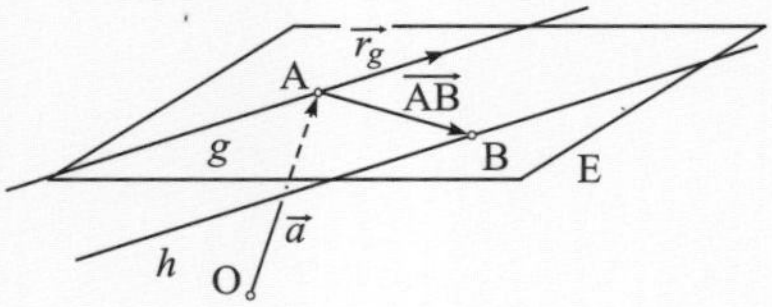

Stützpunkt der Ebene: A, B oder Schnittpunkt S, Spannvektoren: Richtungsvektoren $\vec{r_g}$ und $\vec{r_h}$

$$E: \vec{x} = \vec{s} + t \cdot \vec{r}_g + u \cdot \vec{r}_h\ ;\ t, u \in \mathbb{R}$$

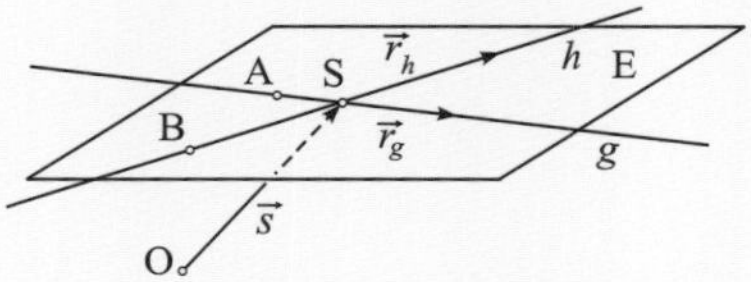

$$E: a \cdot x + b \cdot y + c \cdot z = d$$

$$\text{Normalenvektor: } \vec{n} = \begin{pmatrix} a \\ b \\ c \end{pmatrix}$$

Die Punkt-Normalenform einer Ebene lautet:

$$E: (\vec{x} - \vec{a}) \cdot \vec{n} = 0$$

$\vec{a}$: Ortsvektor des Ebenenpunktes A, $\vec{n}$: Normalenvektor

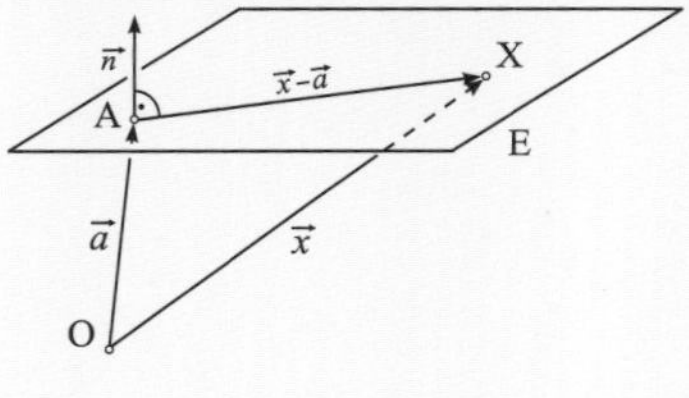

Geraden

Wie lauten die Geradengleichungen der Koordinatenachsen?

Ebenen

Wie lautet die Gleichung einer Ebene E, die den Punkt A enthält, in Parameterform?

Ebenen

Wie stellt man eine Ebene in Parameterform auf, wenn drei Punkte A, B und C gegeben sind?

Ebenen

Wie stellt man eine Ebene E in Parameterform auf, wenn ein Punkt P und eine Gerade *g* gegeben sind?

Ebenen

Wie stellt man eine Ebene E in Parameterform auf, wenn zwei Geraden gegeben sind, die sich schneiden?

Ebenen

Wie stellt man eine Ebene E in Parameterform auf, wenn zwei Geraden *g* und *h* gegeben sind, die parallel zueinander liegen?

Ebenen

Wie lautet die Punkt-Normalenform einer Ebene E?

Ebenen

Wie lautet die Koordinatengleichung einer Ebene?

Mit Hilfe des Vektorprodukts (Kreuzprodukts):

$$\vec{a} \times \vec{b} = \begin{pmatrix} a_y b_z - a_z b_y \\ a_z b_x - a_x b_z \\ a_x b_y - a_y b_x \end{pmatrix}$$

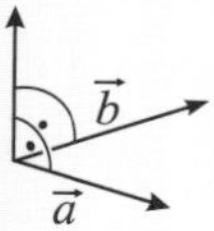

Den Winkel α zwischen den beiden Vektoren $\vec{a}$ und $\vec{b}$ erhält man durch:

$$\cos\alpha = \frac{\vec{a}\cdot\vec{b}}{|\vec{a}|\cdot|\vec{b}|}$$

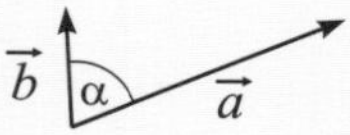

Geradengleichung in Parameterform:

$$g:\ \vec{x} = \vec{a} + t\cdot\vec{r}\,;\ t \in \mathbb{R}$$

$\vec{a}$: Stützvektor, $\vec{r}$: Richtungsvektor

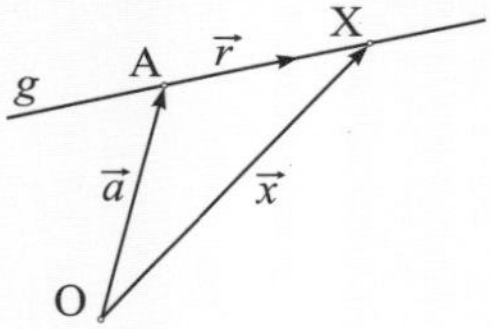

Zuerst wird das Vektorprodukt der Vektoren $\overrightarrow{AB}$ und $\overrightarrow{AC}$ berechnet. Der Betrag dieses Vektors enspricht genau dem Flächeninhalt des Parallelogramms.

$$A = |\overrightarrow{AB} \times \overrightarrow{AC}|$$

g und h sind orthogonal, wenn sie sich schneiden und das Skalarprodukt der Richtungsvektoren Null ist:

$$\overrightarrow{r_g} \cdot \overrightarrow{r_h} = 0$$

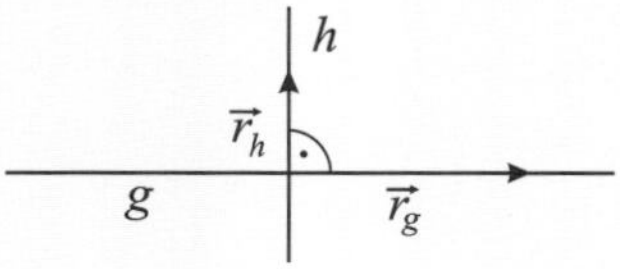

g und h sind parallel, wenn der eine Richtungsvektor ein Vielfaches des anderen ist:

$$\overrightarrow{r_g} = k\cdot\overrightarrow{r_h};\ k \in \mathbb{R}\setminus\{0\}$$

und der Stützpunkt A von g nicht auf h liegt (Widerspruch bei der Punktprobe)

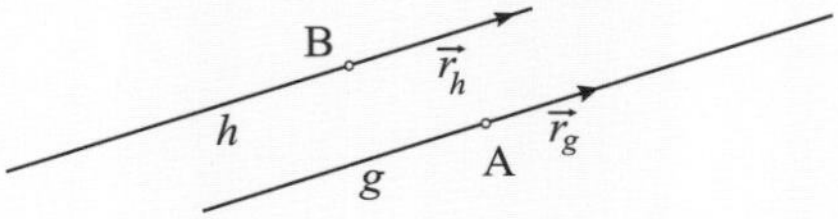

Zuerst die Richtungsvektoren auf lineare Abhängigkeit prüfen:

linear abhängig $\Rightarrow$ g und h sind parallel oder identisch; dann prüfen, ob der Stützpunkt der einen Geraden auf der anderen Geraden liegt.

linear unabhängig $\Rightarrow$ g und h sind windschief oder schneiden sich; dazu Geradengleichungen gleichsetzen und das entstandene Gleichungssystem lösen.

Zwei Geraden können parallel oder identisch sein, einen Schnittpunkt besitzen oder windschief sein.

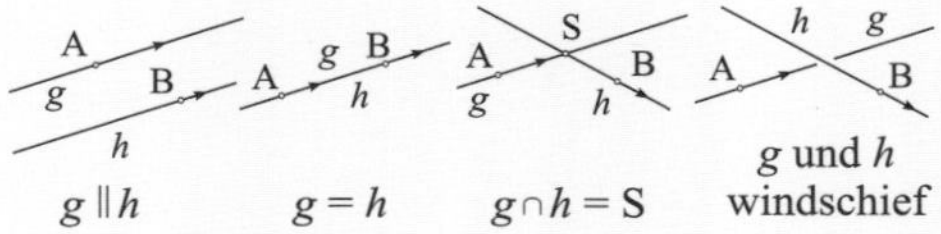

Vektoren

Wie berechnet man den Winkel α zwischen den Vektoren $\vec{a}$ und $\vec{b}$?

Vektoren

Wie erhält man einen Vektor, der orthogonal zu den Vektoren $\vec{a}$ und $\vec{b}$ ist?

Vektoren

Wie kann man die Fläche eines Parallelogramms ABCD mit Hilfe des Vektorprodukts berechnen?

LK

Geraden

Wie lautet die Gleichung einer Geraden, die durch den Punkt A geht, in Parameterform?

Geraden

Wann sind die Geraden g und h parallel?

Geraden

Wann sind die Geraden g und h orthogonal?

Geraden

Wie können zwei Geraden im Raum zueinander liegen?

Geraden

Wie kann die gegenseitige Lage von zwei Geraden g und h bestimmt werden?

$$M\left(\frac{a_x+b_x}{2} \mid \frac{a_y+b_y}{2} \mid \frac{a_z+b_z}{2}\right)$$

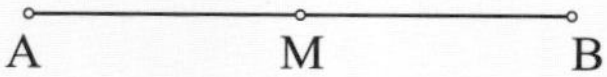

Im rechtwinkligen Dreieck gilt:
Das Hypotenusenquadrat ist gleich groß
wie die Summe der Kathetenquadrate:

$$c^2 = a^2 + b^2$$

(falls c Hypotenuse ist)

$$|\vec{a}| = \sqrt{a_x^2 + a_y^2 + a_z^2}$$

$$\overrightarrow{AB} = \vec{b} - \vec{a} = \begin{pmatrix} b_x - a_x \\ b_y - a_y \\ b_z - a_z \end{pmatrix}$$

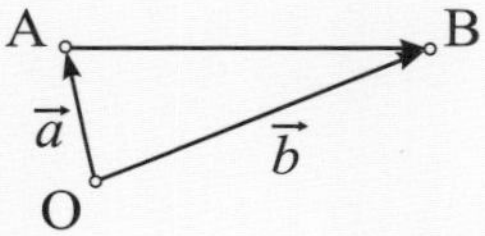

Wenn $\vec{a}$ orthogonal zu $\vec{b}$ ist, so ist das
Skalarprodukt gleich Null:

$$\vec{a} \cdot \vec{b} = 0$$

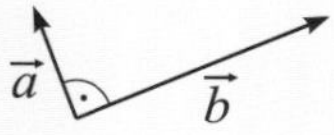

$$\vec{a} \cdot \vec{b} = \begin{pmatrix} a_x \\ a_y \\ a_z \end{pmatrix} \cdot \begin{pmatrix} b_x \\ b_y \\ b_z \end{pmatrix}$$
$$= a_x \cdot b_x + a_y \cdot b_y + a_z \cdot b_z$$

Wenn es ein $s, t \in \mathbb{R}$ gibt, so dass gilt:

$$\vec{a} = s \cdot \vec{b} + t \cdot \vec{c}$$

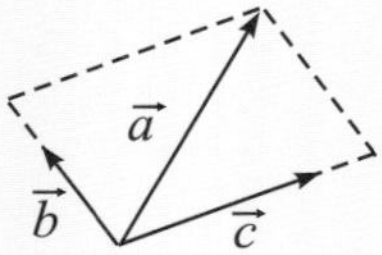

Wenn zwei Vektoren linear abhängig sind, ist
der eine Vektor ein Vielfaches des anderen:

$$\vec{a} = k \cdot \vec{b};\; k \in \mathbb{R} \setminus \{0\}$$

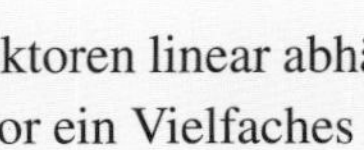

Dreiecksberechnungen

Wie lautet der Satz des Pythagoras?

www.Freiburger-Verlag.de 9

Dreiecksberechnungen

Wie lautet die Formel für den Mittelpunkt der Strecke zwischen $A(a_x \mid a_y \mid a_z)$ und $B(b_x \mid b_y \mid b_z)$?

www.Freiburger-Verlag.de 10

Vektoren

Wie bestimmt man den Verbindungsvektor von $A(a_x \mid a_y \mid a_z)$ zu $B(b_x \mid b_y \mid b_z)$?

www.Freiburger-Verlag.de 11

Vektoren

Wie berechnet man die Länge eines Vektors $\vec{a} = \begin{pmatrix} a_x \\ a_y \\ a_z \end{pmatrix}$?

www.Freiburger-Verlag.de 12

Vektoren

Wie bestimmt man das Skalarprodukt der Vektoren

$\vec{a} = \begin{pmatrix} a_x \\ a_y \\ a_z \end{pmatrix}$ und $\vec{b} = \begin{pmatrix} b_x \\ b_y \\ b_z \end{pmatrix}$?

www.Freiburger-Verlag.de 13

Vektoren

Wie erkennt man, dass Vektor $\vec{a}$ orthogonal (senkrecht) zu Vektor $\vec{b}$ ist?

www.Freiburger-Verlag.de 14

Vektoren

Wie erkennt man, dass die Vektoren $\vec{a}$ und $\vec{b}$ linear abhängig sind?

www.Freiburger-Verlag.de 15

Vektoren

Wann kann man den Vektor $\vec{a}$ als Linearkombination der Vektoren $\vec{b}$ und $\vec{c}$ darstellen?

www.Freiburger-Verlag.de 16

Volumen eines Prismas:

$V = G \cdot h$

G: Grundfläche

h: Prismenhöhe

Würfel: $V = a^3$

Quader: $V = a \cdot b \cdot c$

a, b, c: Kantenlängen

Pyramide: $V = \frac{1}{3} \cdot G \cdot h$

G: Grundfläche

h: Pyramidenhöhe

Kegel: $V = \frac{1}{3} \cdot G \cdot h = \frac{1}{3} \cdot \pi \cdot r^2 \cdot h$

G: Grundfläche

h: Kegelhöhe

Zylinder: $V = G \cdot h = \pi \cdot r^2 \cdot h$

G: Grundfläche

r: Radius der Grundfläche

h: Zylinderhöhe

Rechteck: $A = a \cdot b$

a, b: Seitenlängen

Parallelogramm: $A = g \cdot h$

g: Grundseite

h: Höhe auf die Grundseite

Fläche: $A = \pi \cdot r^2$

Umfang: $U = 2 \cdot \pi \cdot r$

$A = \frac{a+c}{2} \cdot h$

a, c: parallele Seiten

h: Trapezhöhe

$A = \frac{1}{2} \cdot g \cdot h$

g: Grundseite

h: Höhe auf die Grundseite

Wie berechnet man das Volumen
eines Würfels
bzw. eines Quaders?

Wie berechnet man das Volumen
eines Prismas?

Wie berechnet man das Volumen eines Zylinders?

Wie berechnet man das Volumen einer Pyramide bzw. eines Kegels?

Wie berechnet man den Flächeninhalt und den Umfang eines Kreises?

Wie berechnet man den Flächeninhalt eines Rechtecks bzw. eines Parallelogramms?

Wie berechnet man den Flächeninhalt eines Dreiecks?

Wie berechnet man den Flächeninhalt eines Trapezes?

$$\int_a^b f(x)\,dx = \mathrm{F}(b) - \mathrm{F}(a)$$

mit $\mathrm{F}'(x) = f(x)$

(Hauptsatz der Differential- und Integralrechnung)

$$\mathrm{F}(x) = \tfrac{a}{b} \cdot \sin(b \cdot x) + c$$

Verläuft die Kurve oberhalb der x-Achse, so gilt:

$$\mathrm{A} = \int_a^b f(x)\,dx$$

Verläuft die Kurve unterhalb der x-Achse, so gilt:

$$\mathrm{A} = \int_a^b \Big(0 - f(x)\Big)\,dx$$

$$\mathrm{A} = \int_{x_1}^{x_2} (f(x) - g(x))\,dx$$

x_1, x_2: Schnittstellen von $f(x) = g(x)$

Kurve von f ist oberhalb der Kurve von g

Um die Funktion $f(x)$ aus der Änderungsrate $f'(x)$ zu bestimmen, muss man eine allgemeine Stammfunktion von $f'(x)$ bestimmen und Nebenbedingungen beachten.

$$\overline{m} = \frac{1}{b-a} \cdot \int_a^b f(x)dx$$

Um den Inhalt einer ins Unendliche reichenden Fläche zu berechnen, setzt man zuerst z als obere oder untere Integrationsgrenze ein und berechnet das Integral in Abhängigkeit von z. Anschließend lässt man $z \to \infty$ oder $z \to -\infty$ gehen und bestimmt den Grenzwert.

$$\mathrm{V}_{rot} = \pi \cdot \int_{x_1}^{x_2} (f(x))^2\,dx$$

Wie lautet eine Stammfunktion zu $f(x) = a \cdot \cos(b \cdot x)$?

Wie berechnet man das Integral $\int_a^b f(x)\,\mathrm{d}x$?

Wie berechnet man den Flächeninhalt zwischen zwei Kurven?

Wie berechnet man den Flächeninhalt zwischen einer Kurve und der x-Achse über dem Intervall $[a,\, b]$?

Wie berechnet man den Mittelwert bei Integralen?

Wie kann man aus der Änderungsrate die Funktion bestimmen?

Wie berechnet man das Volumen eines Rotationskörpers, der durch Drehung der Kurve von $f(x)$ um die x-Achse entsteht?

Wie berechnet man den Inhalt einer ins Unendliche reichenden Fläche?

$$F(x) = \frac{1}{n+1} \cdot x^{n+1} + c$$

Die 1. Ableitung der Stammfunktion $F(x)$ ergibt $f(x)$:

$$F'(x) = f(x)$$

$$F(x) = e^x + c$$

$$F(x) = \frac{a}{n+1} \cdot x^{n+1} + c$$

$$F(x) = -\cos x + c$$

$$F(x) = \frac{a}{k} \cdot e^{k \cdot x + b} + c$$

$$F(x) = \sin x + c$$

$$F(x) = -\frac{a}{b} \cdot \cos(b \cdot x) + c$$

Welche Bedingung gilt für eine Stammfunktion von $f(x)$?

Wie lautet eine Stammfunktion zu $f(x) = x^n$?

Wie lautet eine Stammfunktion zu $f(x) = a \cdot x^n$?

Wie lautet eine Stammfunktion zu $f(x) = e^x$?

Wie lautet eine Stammfunktion zu $f(x) = a \cdot e^{k \cdot x + b}$?

Wie lautet eine Stammfunktion zu $f(x) = \sin x$?

Wie lautet eine Stammfunktion zu $f(x) = a \cdot \sin(b \cdot x)$?

Wie lautet eine Stammfunktion zu $f(x) = \cos x$?

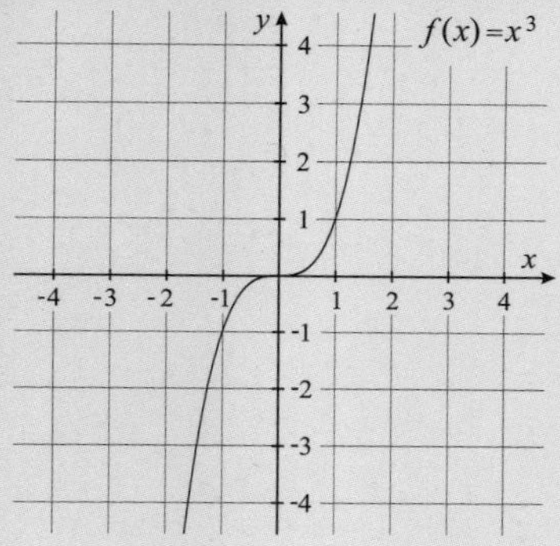
$f(x)=x^3$

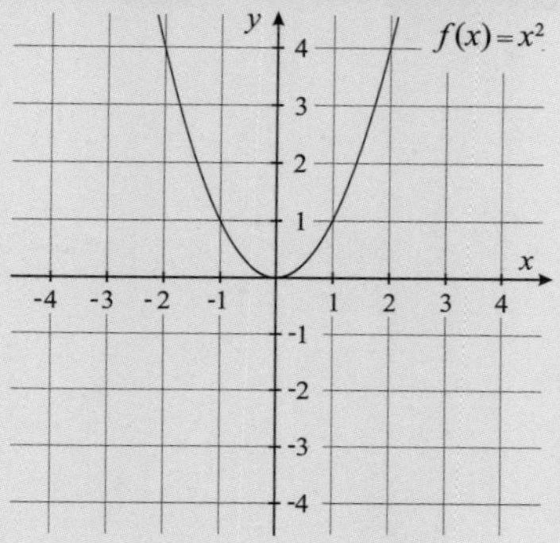
$f(x)=x^2$

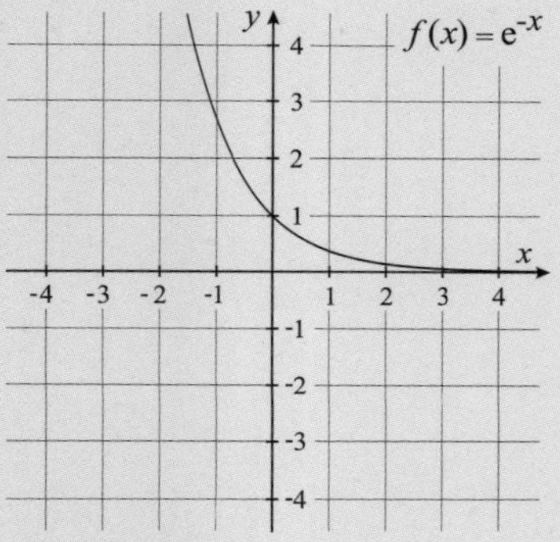
$f(x)=e^{-x}$

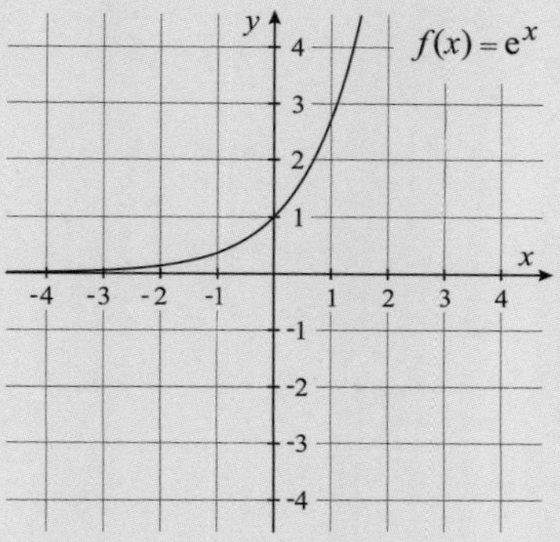
$f(x)=e^{x}$

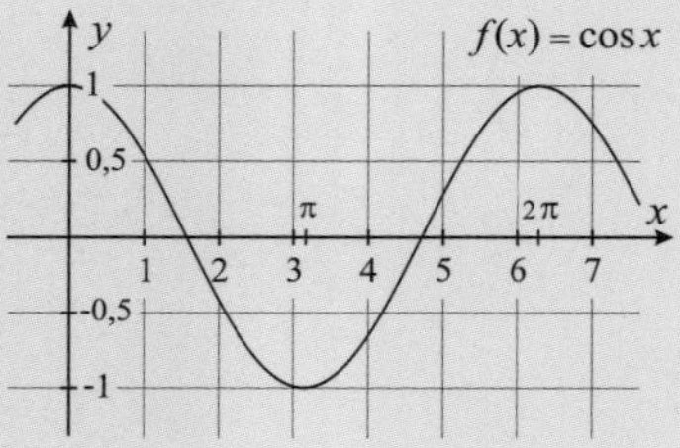
$f(x)=\cos x$

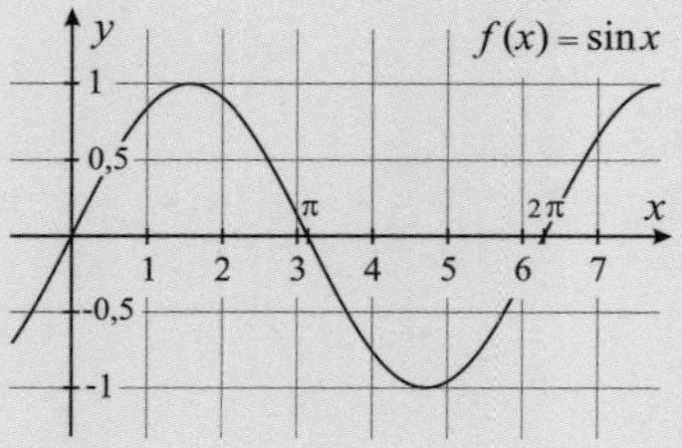
$f(x)=\sin x$

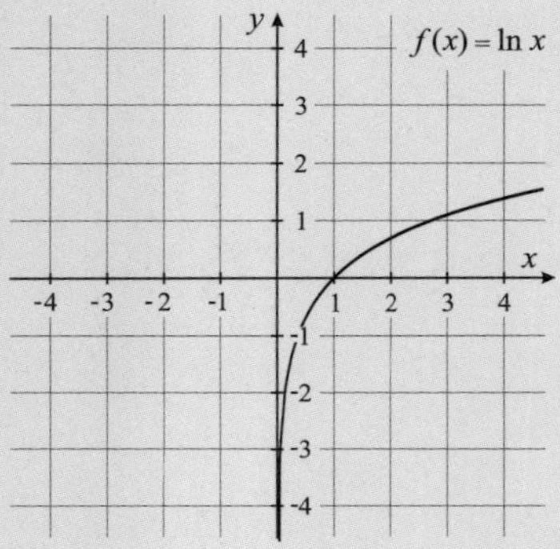
$f(x)=\ln x$

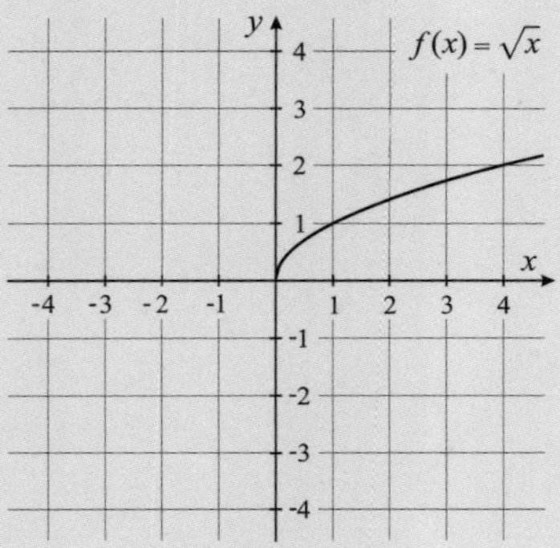
$f(x)=\sqrt{x}$

Wie verläuft der Graph der Funktion
$f(x) = x^2$?

Wie verläuft der Graph der Funktion
$f(x) = x^3$?

Wie verläuft der Graph der Funktion
$f(x) = e^x$?

Wie verläuft der Graph der Funktion
$f(x) = e^{-x}$?

Wie verläuft der Graph der Funktion
$f(x) = \sin x$?

Wie verläuft der Graph der Funktion
$f(x) = \cos x$?

Wie verläuft der Graph der Funktion
$f(x) = \sqrt{x}$?

Wie verläuft der Graph der Funktion
$f(x) = \ln x$?

Das Schaubild der Grundfunktion

$$g(x) = \sin x$$

wird folgendermaßen verändert:

a: Streckung in y-Richtung
($a < 0$: Spiegelung an der x-Achse)
b: Streckung in x-Richtung
c: Verschiebung in x-Richtung
d: Verschiebung in y-Richtung

$f''(x) = 0$ und $f'''(x) \neq 0$

oder f'' hat einen Vorzeichenwechsel an der Stelle x

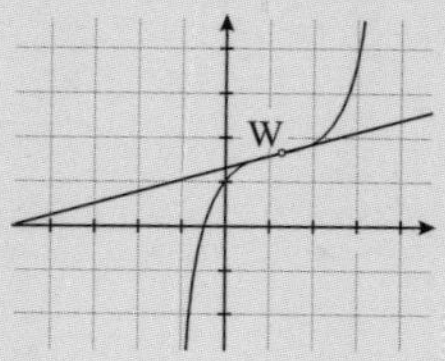

Um den Schnittpunkt zweier Kurven zu bestimmen, werden die Funktionsgleichungen gleichgesetzt und anschließend nach x aufgelöst:

$$f(x) = g(x)$$

Für die Periode p von $f(x) = a \cdot \sin(b \cdot (x - c)) + d$ gilt:

$$p = \frac{2\pi}{b}$$

monoton wachsend: $f'(x) \geqslant 0$
(monoton fallend: $f'(x) \leqslant 0$)

Die Funktionswerte und die Steigungen müssen im Berührpunkt gleich sein:

$f(x) = g(x)$ und $f'(x) = g'(x)$

Eine Kurve ist in einem Intervall linksgekrümmt, wenn ihre zweite Ableitung dort größer als Null ist:

$$f''(x) > 0$$

Sie ist rechtsgekrümmt, wenn ihre zweite Ableitung dort kleiner als Null ist:

$$f''(x) < 0$$

streng monoton wachsend: $f'(x) > 0$
(streng monoton fallend: $f'(x) < 0$)

Kurvendiskussion

Wie bestimmt man einen Wendepunkt?

Kurvendiskussion

Welche Bedeutung haben die Parameter a, b, c und d bei der trigonometrischen Funktion $f(x) = a \cdot \sin(b \cdot (x - c)) + d$?

Kurvendiskussion

Wie erhält man die Periode p der trigonometrischen Funktion $f(x) = a \cdot \sin(b \cdot (x - c)) + d$?

Kurvendiskussion

Wie bestimmt man den Schnittpunkt zweier Kurven?

Kurvendiskussion

Wie bestimmt man den Berührpunkt zweier Kurven?

LK

Kurvendiskussion

Wann ist die Funktion f monoton wachsend (bzw. fallend)?

Kurvendiskussion

Wann ist die Funktion f streng monoton wachsend (bzw. fallend)?

Kurvendiskussion

Wie bestimmt man, ob eine Kurve links- oder rechtsgekrümmt ist?

Bei Achsenymmetrie zur y-Achse muss für alle x gelten:
$f(-x) = f(x)$

Die Tangentengleichung lautet
$t\colon y = f'(x_1) \cdot (x - x_1) + f(x_1)$

Um den Schnittpunkt des Graphen mit der y-Achse zu erhalten wird $x = 0$ in $f(x)$ eingesetzt: $S(0 \mid f(0))$

Bei Punktsymmetrie zum Ursprung muss für alle x gelten:
$f(-x) = -f(x)$

notwendige Bedingung:
$f'(x) = 0$
hinreichende Bedingung:
Vorzeichenwechsel von f' an der Stelle x

$f(x) = 0$ nach x auflösen und die Nullstellen berechnen:
$N_1\,(x_1 \mid 0),\ N_2\,(x_2 \mid 0),\ \ldots$

$f'(x) = 0$ und $f''(x) > 0$
oder f' hat einen Vorzeichenwechsel an der Stelle x von $-$ nach $+$

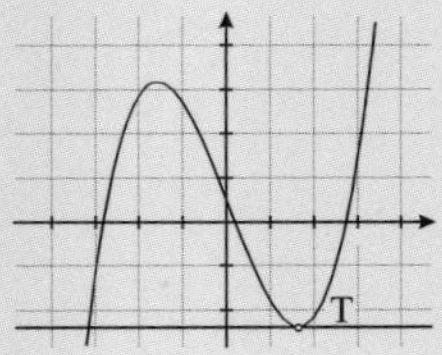

$f'(x) = 0$ und $f''(x) < 0$
oder f' hat einen Vorzeichenwechsel an der Stelle x von $+$ nach $-$

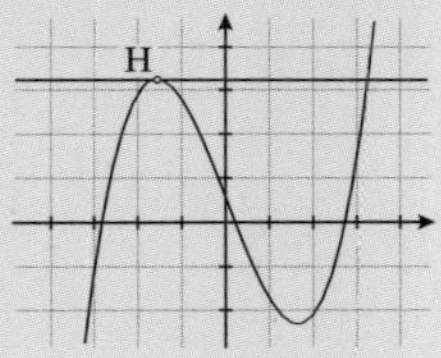

Kurvendiskussion

Wie lautet die Tangentengleichung in einem Punkt $P(x_1 \mid f(x_1))$?

www.Freiburger-Verlag.de 33

Kurvendiskussion

Wie prüft man, ob ein Funktionsgraph achsensymmetrisch zur y-Achse ist?

www.Freiburger-Verlag.de 34

Kurvendiskussion

Wie prüft man, ob ein Funktionsgraph punktsymmetrisch zum Ursprung ist?

www.Freiburger-Verlag.de 35

Kurvendiskussion

Wie erhält man den Schnittpunkt des Funktionsgraphen von $f(x)$ mit der y-Achse?

www.Freiburger-Verlag.de 36

Kurvendiskussion

Wie erhält man Schnittpunkte des Funktionsgraphen von $f(x)$ mit der x-Achse?

www.Freiburger-Verlag.de 37

Kurvendiskussion

Wie lauten die notwendige und die hinreichende Bedingung einer lokalen Extremstelle?

www.Freiburger-Verlag.de 38

Kurvendiskussion

Wie erkennt man ein lokales Maximum (Hochpunkt)?

www.Freiburger-Verlag.de 39

Kurvendiskussion

Wie erkennt man ein lokales Minimum (Tiefpunkt)?

www.Freiburger-Verlag.de 40

$$f'(x) = -a \cdot b \cdot \sin(b \cdot x + c)$$

(Kettenregel)

$$f'(x) = -\sin x$$

$$f'(x) = \frac{1}{x}$$

Umschreiben: $f(x) = \sqrt{x} = x^{\frac{1}{2}}$

Ableiten ergibt:

$$f'(x) = \frac{1}{2} \cdot x^{-\frac{1}{2}} = \frac{1}{2x^{\frac{1}{2}}} = \frac{1}{2\sqrt{x}}$$

Eine allgemeine Parabel hat die Gleichung

$$f(x) = ax^2 + bx + c$$

Die momentane Änderungsrate einer Funktion kann durch die 1. Ableitung, also $f'(x)$, beschrieben werden.

Der x-Wert des Punktes $\mathrm{P}(x_1 \mid f(x_1))$ wird in die 1. Ableitung von f eingesetzt:

$$m_t = f'(x_1)$$

Eine y-achsensymmetrische Parabel hat die Gleichung

$$f(x) = ax^2 + c$$

Wie lautet die 1. Ableitung von
$f(x) = \cos x$?

Wie lautet die 1. Ableitung von
$f(x) = a \cdot \cos(b \cdot x + c) + d$?

Wie lautet die 1. Ableitung von
$f(x) = \sqrt{x}$?

LK

Wie lautet die 1. Ableitung von
$f(x) = \ln x$?

LK

Wie läßt sich die momentane Änderungsrate einer Funktion f beschreiben?

Wie lautet die Gleichung einer allgemeinen Parabel?

Wie lautet die Gleichung einer zur y-Achse symmetrischen Parabel?

Wie erhält man die Steigung m_t der Tangente in einem Punkt $P(x_1 \mid f(x_1))$ an den Graph einer Funktion f?

$$f'(x) = a \cdot n \cdot x^{n-1}$$

$$a^{\frac{1}{n}} = \sqrt[n]{a}$$

$$a^{\frac{m}{n}} = \sqrt[n]{a^m}$$

Äußere mal innere Ableitung:

$$f'(x) = u'(v(x)) \cdot v'(x)$$

(Kettenregel)

$$f'(x) = u'(x) \cdot v(x) + u(x) \cdot v'(x)$$

(Produktregel)

$$f'(x) = a \cdot k \cdot e^{k \cdot x + c}$$

(Kettenregel)

$$f'(x) = e^x$$

(e^x verändert sich beim Ableiten nicht)

$$f'(x) = a \cdot b \cdot \cos(b \cdot x + c)$$

(Kettenregel)

$$f'(x) = \cos x$$

Algebra

Was ist $a^{\frac{1}{n}}$ bzw. $a^{\frac{m}{n}}$?

Differentialrechnung

Wie lautet die 1. Ableitung von $f(x) = a \cdot x^n$?

Differentialrechnung

Wie lautet die 1. Ableitung von $f(x) = u(x) \cdot v(x)$?

Differentialrechnung

Wie lautet die 1. Ableitung von $f(x) = u(v(x))$?

Differentialrechnung

Wie lautet die 1. Ableitung von $f(x) = e^x$?

Differentialrechnung

Wie lautet die 1. Ableitung von $f(x) = a \cdot e^{k \cdot x + c}$?

Differentialrechnung

Wie lautet die 1. Ableitung von $f(x) = \sin x$?

Differentialrechnung

Wie lautet die 1. Ableitung von $f(x) = a \cdot \sin(b \cdot x + c) + d$?

1. Winkelhalbierende: $y = x$

2. Winkelhalbierende: $y = -x$

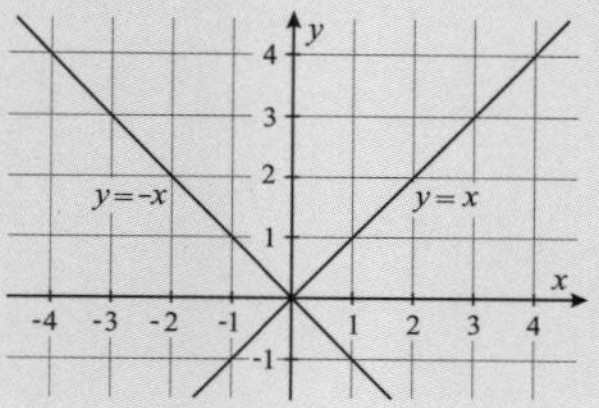

Die eine Steigung ist der negative Kehrwert der Steigung:

$$m_g = -\frac{1}{m_h} \text{ bzw. } m_g \cdot m_h = -1$$

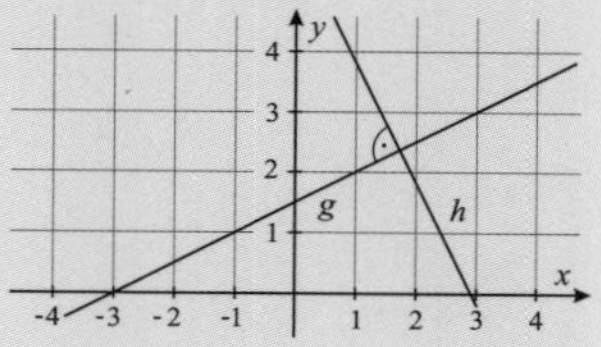

$$x_{1,2} = \frac{-b \pm \sqrt{b^2 - 4ac}}{2a}$$

$$x_{1,2} = -\frac{p}{2} \pm \sqrt{\frac{p^2}{4} - q}$$

$$(a \cdot b)^n = a^n \cdot b^n$$

$$\left(\frac{a}{b}\right)^n = \frac{a^n}{b^n}$$

$$a^m \cdot a^n = a^{m+n}$$

$$\frac{a^m}{a^n} = a^{m-n}$$

Eine Potenz mit negativem Exponenten ist ein Bruch:

$$a^{-n} = \frac{1}{a^n}$$

$$(a^m)^n = a^{m \cdot n}$$

$$a^0 = 1 \text{ (mit } a \neq 0\text{)}$$

Geraden und Strecken

Woran erkennt man, dass die Geraden g und h orthogonal (senkrecht zueinander) sind?

www.Freiburger-Verlag.de 9

Geraden und Strecken

Wie lautet die Gleichung der 1. und der 2. Winkelhalbierenden?

www.Freiburger-Verlag.de 10

Algebra

Wie erhält man die Lösung von $x^2 + px + q = 0$?

www.Freiburger-Verlag.de 11

Algebra

Wie erhält man die Lösung von $ax^2 + bx + c = 0$?

www.Freiburger-Verlag.de 12

Algebra

Was ist $a^m \cdot a^n$ bzw. $\frac{a^m}{a^n}$?

www.Freiburger-Verlag.de 13

Algebra

Was ist $(a \cdot b)^n$ bzw. $\left(\frac{a}{b}\right)^n$?

www.Freiburger-Verlag.de 14

Algebra

Was ist $(a^m)^n$ bzw. a^0?

www.Freiburger-Verlag.de 15

Algebra

Was ist a^{-n}?

www.Freiburger-Verlag.de 16

Die Geradengleichung in Punkt-Steigungs-Form lautet:

$y - y_1 = m \cdot (x - x_1)$

Die Geradengleichung in Hauptform lautet:

$y = m \cdot x + b$

m : Steigung

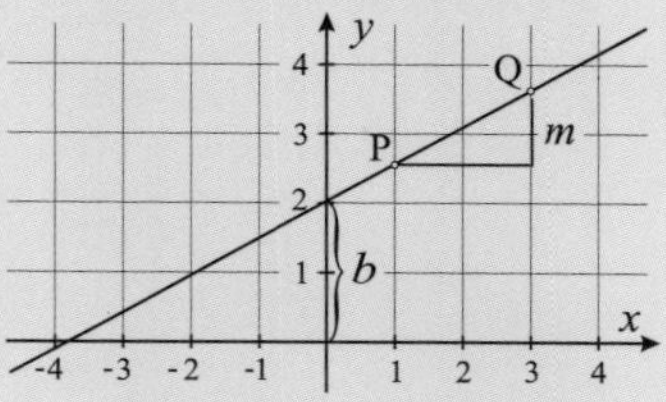

Die Gleichung einer Parallelen zur y-Achse lautet:

$x = a$

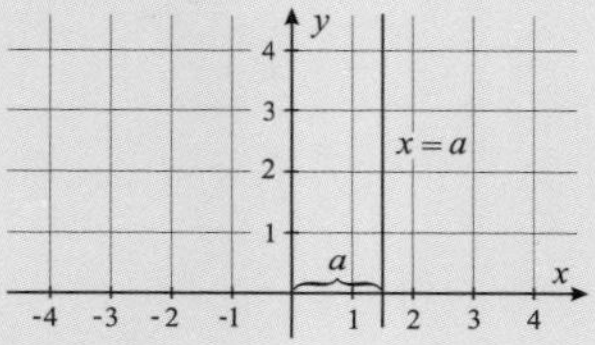

Die Gleichung einer Parallelen zur x-Achse lautet:

$y = b$

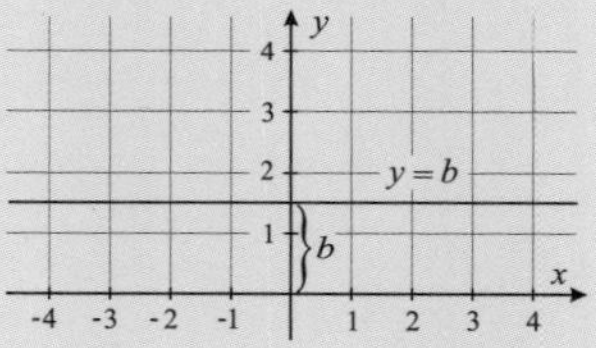

Der Mittelpunkt M von P und Q ist:

$M\left(\frac{x_1+x_2}{2} \mid \frac{y_1+y_2}{2}\right)$

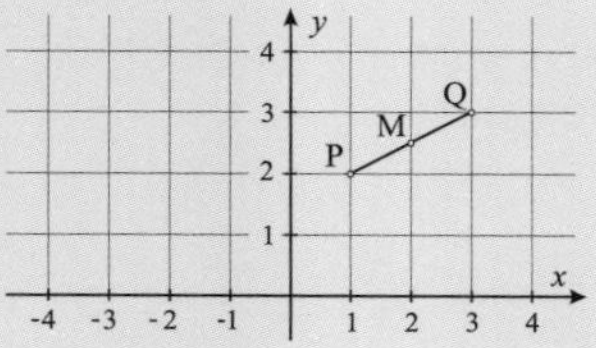

Die Steigung zwischen den Punkten P und Q ist:

$m = \frac{y_2 - y_1}{x_2 - x_1}$

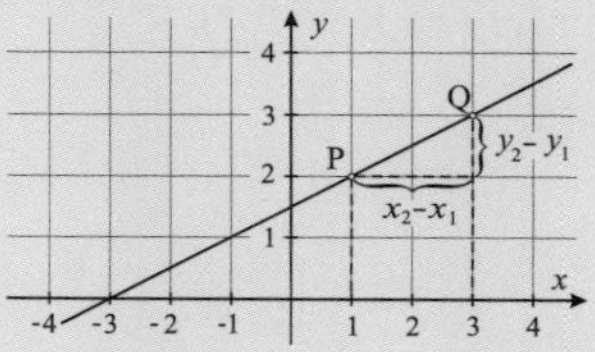

Die Geraden g und h sind parallel, wenn die Steigungen gleich sind: $m_g = m_h$

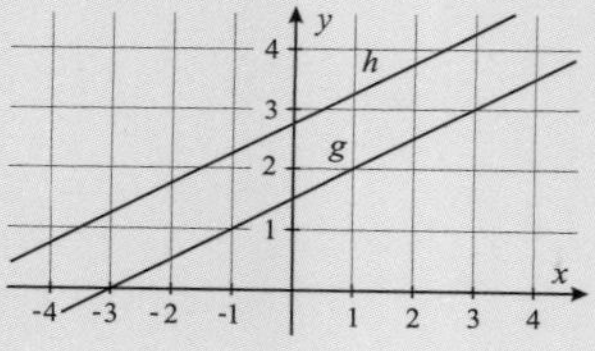

Die Länge der Strecke von P zu Q beträgt:

$\overline{PQ} = \sqrt{(x_2 - x_1)^2 + (y_2 - y_1)^2}$

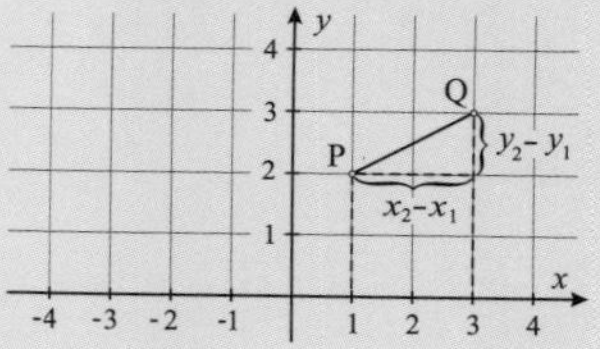

Wie lautet die Geradengleichung in Hauptform?

Wie lautet die Punkt-Steigungs-Form einer Geraden durch $P(x_1 \mid y_1)$ mit Steigung m?

Wie lautet die Gleichung einer Parallelen zur x-Achse?

Wie lautet die Gleichung einer Parallelen zur y-Achse?

Wie erhält man die Steigung m zwischen $P(x_1 \mid y_1)$ und $Q(x_2 \mid y_2)$?

Wie bestimmt man den Mittelpunkt M von $P(x_1 \mid y_1)$ und $Q(x_2 \mid y_2)$?

Wie berechnet man die Länge der Strecke von $P(x_1 \mid y_1)$ zu $Q(x_2 \mid y_2)$?

Woran erkennt man, dass die Geraden g und h parallel sind?